Inhalt

Reinigung und Kosmetik - Naturkosmetik, Männerkosmetik und Anti-Aging weiter im Trend

Kernthesen

Beitrag

Fallbeispiele

Zahlen und Fakten

Weiterführende Literatur

Impressum

GENIOS BranchenWissen Nr. 08 vom 17.08.2011

Reinigung und Kosmetik - Naturkosmetik, Männerkosmetik und Anti-Aging weiter im Trend

Anja Schneider

Kernthesen

- Das Marktvolumen für Körperpflege-, Wasch-, Putz- und Reinigungsmittel lag 2010 bei rund 17 Milliarden Euro.
- Der deutsche Kosmetikmarkt ist weitgehend gesättigt, Wachstumsmärkte liegen in den Schwellenländern.
- Die größten Absatzbereiche im

Körperpflegemarkt sind Haarpflege, Hautpflege und dekorative Kosmetik. Weitere Umsatzhoffnungen setzen die Kosmetikkonzerne in Anti-Aging, die Natur- und die Männerkosmetik.
- Für die Wasch-, Putz- und Reinigungsmittel wird ein ähnliches Wachstum wie im Vorjahr erwartet, also etwa plus drei Prozent.

Beitrag

Deutscher Markt weitgehend gesättigt, höhere Wachstumsraten im Ausland

Das Marktvolumen für Körperpflege-, Wasch-, Putz- und Reinigungsmittel beziffert der Industrieverband Körperpflege- und Waschmittel e.V. (IKW) für 2010 auf rund 17 Milliarden Euro.

Der deutsche Körperpflegemittelmarkt hatte 2010 ein Gesamtvolumen von fast 12,79 Milliarden Euro, so der Industrieverband Körperpflege- und Waschmittel e.V. (IKW). Der deutsche Kosmetikmarkt ist weitgehend gesättigt, das Produktangebot riesig, die Vielfalt enorm. Im vergangenen Jahr konnte die Kosmetik nicht wachsen, sondern verlor sogar leicht an Volumen (minus 0,4 Prozent). Die Wachstumschancen für die Hersteller liegen woanders; so können momentan in Indien, Russland, China, Indonesien und Brasilien Wachstumsraten von 40 Prozent erzielt werden. (1), (4)

Die größten Absatzbereiche sind Haarpflege, Hautpflege und dekorative Kosmetik. Haarpflege und Hautpflege liegen mit jeweils knapp drei Milliarden Euro Umsatz an der Spitze, mussten aber 2010 Federn lassen (minus 2,9 bzw. 0,7 Prozent). In diesen Segmenten herrscht ein harter Wettbewerb über Promotions und preisgünstige Einstiegsmarken. Die dekorative Kosmetik (z.B. Maybelline Jade, LOreal Paris, Max Factor, Manhattan, Nivea Beaute) legte 2010 mit plus 2,5 Prozent erneut das stärkste Wachstum hin auf knapp 1,5 Milliarden Euro Umsatz. Auch die hochwertige Kosmetik und Wellness sind gefragt, so der VKE Kosmetikverband. (2), (3)

Das Marktvolumen für Wasch-, Putz- und Reinigungsmittel (Universal- und Spezialwaschmittel, Waschhilfsmittel wie Weichspüler, Waschzusätze, Vorbehandlungs-, Wäschepflege- und Spezialbehandlungsmittel, Geschirrspülmittel, Haushaltsreinigungsmittel, Wohnraumpflegemittel, Lederpflegemittel, Autopflegemittel, Spezialputz-/Pflegemittel) betrug 2010 über 4,30 Milliarden Euro.

Damit konnte er in einer ähnlichen Größenordnung wie im Vorjahr um rund 3,5 Prozent wachsen. Die größten Bereiche sind die Universalwaschmittel (1,13 Mrd. Euro), die Haushaltsreiniger (804 Mio. Euro) und Geschirrspüler (678 Mio. Euro). (4) [Abb. 1]

Für 2011 erwartet der IKW ein leichtes Wachstum bei den Körperpflegemitteln (0,5 bis 1,5 Prozent) und für die Wasch-, Putz- und Reinigungsmittel ein ähnliches Wachstum wie im Vorjahr, also erneut circa plus drei Prozent.

Als Anbieter im Markt vertreten sind Kosmetikkonzerne (z.B. LOreal, Beiersdorf), namhafte Konsumgüterkonzerne (z.B. Henkel, Procter & Gamble, Unilever, Reckitt Benckiser), Spezialchemiehersteller (z.B. Cognis) und Spezialisten wie die Duft- und Aromahersteller Givaudan und Symrise. Die Top 3 Anbieter in Sachen Kosmetik sind LOreal, Procter & Gamble und Unilever. Bei Reinigungsutensilien und -geräten konkurrieren vor allem 3M, Procter & Gamble (Swiffer) und die Freudenberg Haushaltsprodukte KG (bekannt durch Vileda).

Männerkosmetik: Asiaten holen auf!

In den vergangenen zehn Jahren hat sich ein recht

umfassender Markt für Herrenkosmetik entwickelt und viele Kosmetikfirmen haben eine spezielle Männerlinie ins Programm genommen. Männer werden von Jahr zu Jahr kosmetik- und pflegeaffiner. Unilever, Henkel, LOréal, Beiersdorf und Procter & Gamble setzen auf die Männer und ergänzen ihre Produktlinien um immer neue Varianten. Vor allem in China und Indien fragen die Männer intensiv nach Schönheitsprodukten, stellt LOréal fest. (5), (6)

Naturkosmetik: Green Washing trimmt chemische Produkte auf ökologisch

Naturkosmetik wird immer mehr gekauft. So wuchs der Bereich der "grünen Kosmetik" seit 2006 um mehr als 50 Prozent. Und davon profitieren nicht nur etablierte Naturkosmetikhersteller, auch klassische Kosmetikmarken positionieren sich vermehrt "in der grünen Welt der Pflege". Ökologische Aspekte spielen eine oft kaufentscheidende Rolle. Wenig Chemie und viel Natur wünscht sich vor allem die Verbraucherin bei Cremes, Lotionen, Shampoos, Duschgels oder Haarfärbemitteln. Doch ein Blümchen auf der Verpackung garantiert noch lange keine Naturkosmetik. Wer Natur pur bevorzugt, muss ganz genau hinschauen, denn es wird kräftig gemogelt.

Das Verbrauchermagazin Öko-Test prüfte die Inhaltsstoffe von 34 als Naturkosmetik ausgegebenen Produkten und entlarvte vielfach: von Natur pur keine Spur. In den Produkten steckten zwischen 15 und 60 Prozent chemische und künstliche Zutaten, die teils sogar umstritten oder bedenklich sind. Entdeckt wurden sogenannte Konservierer, die krebsverdächtiges Formaldehyd abgeben können, ebenso wie PEG/PEG-Derivate, die in echter Naturkosmetik nicht erlaubt sind. Als natürlich beworbene Produkte enthalten oft nur wenige natürliche Inhaltsstoffe und basieren weiterhin auf Mineralöl. Als Green Washing wird diese Vorgehensweise bezeichnet. Naturkosmetik erkennt man vor allem durch verschiedene Qualitätssiegel. Die bekanntesten sind NaTrue (europäisches Siegel für Natur- und Biokosmetik), BDIH (Siegel des Bundesverbandes deutscher Industrie- und Handelsunternehmen für Arzneimittel, Reformwaren, Nahrungsergänzungsmittel und Körperpflegemittel), das Demeter-Zeichen, Ecocert (französisches Label), Cosmebio (französisches Siegel für Natur- und Biokosmetika), und IHTK (Kennzeichen des Internationalen Herstellerverbandes gegen Tierversuche in der Kosmetik). (7), (8) , (14)

Anti-Aging: Julia Roberts zu jung!

In Hollywood ist es längst Gesetz: Das Gesicht darf das wahre (fortgeschrittene!) Alter nicht zeigen. Weltstars wie Katie Holmes, Jennifer Lopez und Sharon Stone greifen dazu tief in die Trickkiste der Cremes, Masken, Liftingprodukte, Peelings und Foundations. Botulinumtoxin (Botox) ist zu einem beliebten Antifaltenmittel vieler Frauen und Männer (!) avanciert. Und was die Kosmetikprodukte und Schönheitsmediziner/-chirurgen nicht schaffen, erledigt der digitale Schönmacher Photoshop. Ein Zuviel an Falten oder Orangenhaut wird flugs weggeklickt, ein Zuwenig an Busen oder Backen hingeklickt.

Dieser Schuss oder vielmehr "Klick" ging jetzt nach hinten los. LOréal, der größte Kosmetikkonzern der Welt mit Marken wie Garnier, Lancôme, Vichy oder Body Shop, muss Werbefotos mit Julia Roberts zurückziehen. Der britischen Werbeaufsicht Advertising Standards Authority (ASA) wurde es zu bunt oder besser gesagt zu glatt. Unglaubwürdig sei es, dass die 43-jährige Schauspielerin nach Gebrauch des LOréal-Produkts die Haut einer 25-jährigen hätte. Die Briten schoben der digitalen Mogelpackung einen Riegel vor und ließen die Bilder vom Markt nehmen.

Also ist weiterhin Geduld angesagt - die Anti-Falten-Wissenschaftler forschen unermüdlich nach der Creme, die endlich hält, was sie verspricht. Polypeptide sollen die Haut dicker machen und dadurch verjüngen, Vitamin-A1 (Retinol)-Creme soll die runzelige Haut glätten, Bestrahlung mit LED-Licht die Falten killen, eine unterspritzte Nanofolie sie erst gar nicht entstehen lassen. Oder wie wäre es mit einer Spezialschokolade mit kakaotypischen Polyphenolen? Wer kein Kalorienproblem hat, kann auch einfach täglich mindestens eine Tafel dunkler Schokolade essen! (9), (10), (11), (12)

Trends

Kosmetikbranche setzt auf Internet und mobile Dienste

Kosmetikhersteller setzen 2011 so stark wie nie aufs Internet und nutzen via Facebook & Co. inzwischen alle Plattformen für eine Rundum-Versorgung des Kunden. Neuester Trend: Kosmetikinfos auf Smartphones. Wenn die Käuferin im Drogeriemarkt keine Fachberaterin findet, um sich beraten zu lassen, kann sie ihr Handy zücken, das Produkt fotografieren und sich auf speziell für den Handy-Zugriff optimierten Webseiten die benötigten Informationen holen. So liefert der Hersteller Henkel mit Hilfe des QR-Codes Tipps für Produktauswahl und Anwendung für die Haar-Coloration Syoss Mixing

Colours, die Colorationen Schwarzkopf Perfect Mousse und die Stylings "Schwarzkopf Got2b Powder'ful" auf's Smartphone. (14), (13)

Nachhaltigkeit auch bei Reinigern im Trend

Laut GfK sind Öko-Produkte auch im Markt für Wasch-, Putz- und Reinigungsmittel die Wachstumsträger. So legte deren Umsatz bis April 2011 um 2,3 Prozent zu, konventionelle Produkte verloren 0,7 Prozent. Grüne Reiniger stehen in einigen Segmenten sogar für zweistellige Umsatzanteile. Öko-Markenartikel erzielen darüber hinaus eine weit bessere Käuferreichweite. (15)

Fallbeispiele

"Professionelle Haarpflege, die man sich leisten kann" - mit diesem Slogan wurde Syoss zum Wachstumsmotor des deutschen Retailgeschäftes. Die Marke Syoss von Henkel entwickelte sich zur erfolgreichsten Neueinführung der letzten zehn Jahre. 2009 auf den Markt gebracht, erreicht die Syoss-Haarpflege heute über sieben Prozent Marktanteil. (16)

Nivea wird 100 Jahre alt! Eine aufwendige Werbekampagne forciert die Traditionsmarke, die Beiersdorf zu alter Stärke verhelfen soll. Die Nivea-Linie mit einem Jahresumsatz von rund vier Milliarden Euro ist die umsatzstärkste Hautpflege-Marke der Welt. Fast eine halbe Milliarde Menschen benutzt die Creme im blauen Tiegel weltweit. Weitere bekannte Beiersdorf-Marken sind Labello, La Prairie und Eucerin. Bei der strategischen Neuausrichtung werden erfolglose Marken wie Marlies Möller und Juvena verkauft, das Make-up-Geschäft in Deutschland eingestellt. (17), (18)

In der dekorativen Kosmetik ist die französische LOréal führend. Jetzt bläst ein amerikanischer Gegenspieler zum Angriff. Der Kosmetik- und Parfum-Konzern Coty übernimmt den deutschen Hersteller Dr. Scheller, zu dessen Portfolio die starke dekorative Marke Manhattan gehört. Coty konzentrierte sich bisher auf Düfte wie Calvin Klein, Joop oder Lancaster, will seine Kräfte nun aber auf Make-up oder Pflegeartikel ausweiten. (19)

Der Schweizer Nahrungsmittelkonzern Nestlé ist seit 37 Jahren über eine Beteiligung von rund 30 Prozent eng mit der französischen Kosmetikfirma L Oréal verbunden. Diese ist auf dem Weltmarkt die Nr. 1 im Geschäft mit der Schönheit und Pflege. Davon profitiert Nestlé. Mit zwei Tochterfirmen ist der Nahrungsmittelanbieter in der Schönheitsindustrie aktiv: Galderma stellt u.a. das Antifaltenmittel Azzalure her sowie Macrolane, ein Gel, das sich für Brustvergrößerungen einspritzen läßt, und Innéov entwickelt Produkte zur Nahrungsmittelergänzung (also Schönheitspillen) für Haut und Haar. (20)

Henkel setzt mit seiner Ökomarke Terra vermehrt auf Nachhaltigkeit und investiert seit Anfang 2011 vermehrt in eine entsprechende Werbekampagne. Eckhard von Eysmondt, Marketingleiter der Henkel-WPR in Deutschland zeigte sich mit der Entwicklung "sehr zufrieden". Terra zeigte im Vergleich zum Vorjahr Zuwachsraten von 25 Prozent. (15)

Auch beim dm-Drogeriemarkt sieht man noch Potential für nachhaltige Produkte. Mit der Linie "nature" der Eigenmarke "Denkmit" startete dm zunächst mit drei Produkten, die sehr gut angenommen wurden. Über eine sinnvolle Ergänzung des Sortiments wird bereits nachgedacht. (15)

Zahlen & Fakten

Abbildung 1: Körperpflegemittelmarkt in Deutschland

Teilmarkt	Marktvolumen 2010	Veränderung

	in Millionen Euro	in Prozent
Haarpflegemittel	2.958	-2,9
Hautpflegemittel	2.951	-0,7
Dekorative Kosmetik	1.474	2,5
Zahn/Mundpflege	1.332	0,2
Damen-Parfums, -Düfte	1.000	1,5
Herrenkosmetik	895	1,1
Bade-/Duschzusätze	830	-2,2
Deodorantien	705	2,3
Seifen/Syndets	216	-1,8
Sonstige Körperpflegemittel	382	1,3
Gesamtmarkt	12.743	-0,4

Quelle: IKWEntnommen aus: www.ikw.org, 11. Mai 2011 (2)

Weiterführende Literatur

(1) Deutsche lassen sich gutes Aussehen einiges kosten - PFLEGE Ausgaben für Waschmittel steigen aber deutlich stärker
aus Wiesbadener Kurier vom 08.12.2010

(2) Marktdaten Körperpflegemittel
aus Wiesbadener Kurier vom 08.12.2010

(3) Beautykonsum nimmt in Deutschland zu 7. Deutscher Kosmetik Kongress 2011 31. August und 1. September 2011, Hilton Cologne, Köln Programm: www.euroforum.de/kosmetik
aus news aktuell, 2011-06-09

(4) Marktdaten Wasch-, Putz- und Reinigungsmittel
aus news aktuell, 2011-06-09

(5) Damit Mann gepflegt ist
aus Lebensmittel Praxis Heft 12/2011, Seite 44

(6) "Asiatische Männer sind unverkrampfter"
aus Welt am Sonntag, 05.06.2011, Nr. 23, S. 40

(7) Laut Öko-Test ist kaum Natur in Naturkosmetik
aus Berliner Morgenpost online, 01.08.2011, 10:00:18

(8) Grünes Beauty-Wirrwarr
aus Saarbrücker Zeitung vom 30.06.2011

(9) Was wären wir ohne Photoshop!
aus sueddeutsche.de, 28.07.2011

(10) Für immer schön
aus Kurier (Österreich) vom 06.08.2011, Seite 50

(11) Glatt gebügelt Zu viel Retusche: Der weltgrößte Kosmetikkonzern muss Werbung mit Julia Roberts zurückziehen
aus Berliner Zeitung, Ausgabe 175 vom 29.07.2011, S. 28

(12) Der Traum vom Leben ohne Falten

aus Berliner Morgenpost, 25.06.2011, Nr. 170, S. 7

(13) Henkel liefert Infos auf Smartphones
aus Berliner Morgenpost, 25.06.2011, Nr. 170, S. 7

(14) Der Reiz von Natur pur
aus HORIZONT 22 vom 03.06.2011 Seite 042

(15) Öko-Reiniger bleiben Frosch-Domäne
aus Lebensmittel Zeitung 24 vom 17.06.2011 Seite 012

(16) Henkel-Kosmetik punktet im deutschen Markt
aus Lebensmittel Zeitung 24 vom 17.06.2011 Seite 012

(17) Abgeschminkt
aus Süddeutsche Zeitung, 05.08.2011, Ausgabe Deutschland, S. 21

(18) Eine blaue Dose schreibt Marken-Geschichte
aus Neue Zürcher Zeitung 28.07.2011, Nr. 174, S. 22

(19) Coty stellt sich neu auf. Integration von Dr. Scheller Cosmetics fast abgeschlossen - Stärkerer Fokus auf dekorative Kosmetik
aus Neue Zürcher Zeitung 28.07.2011, Nr. 174, S. 22

(20) Reiz der Schönheit Nestlé Der Nahrungsmittelkonzern mischt immer mehr im Geschäft mit Antifaltenmitteln und Brustvergrösserungen mit. Die Strategie birgt Risiken. Der ewige Flirt zwischen Reich und Schön
aus HandelsZeitung vom 30.06.2011, S. 8

Impressum

Reinigung und Kosmetik - Naturkosmetik, Männerkosmetik und Anti-Aging weiter im Trend

Bibliografische Information der deutschen Nationalbibliothek

Die Deutsche Nationalbibliothek verzeichnet diese Publikation in der deutschen Nationalbibliografie; detaillierte bibliografische Daten sind im Internet über http://dnb.d-nb.de abrufbar.

ISBN: 978-3-7379-2268-5

© 2015 GBI-Genios Deutsche Wirtschaftsdatenbank GmbH, Freischützstraße 96, 81927 München, www.genios.de

Alle Rechte vorbehalten. Dieses Werk ist einschließlich aller seiner Teile – z.B. Texte, Tabellen und Grafiken - urheberrechtlich geschützt. Jede Verwertung außerhalb der Grenzen des Urheberrechtsgesetzes bedarf der vorherigen Zustimmung des Verlags. Dies gilt insbesondere auch für auszugsweise Nachdrucke, fotomechanische

Vervielfältigungen (Fotokopie/Mikroskopie), Übersetzungen, Auswertungen durch Datenbanken oder ähnliche Einrichtungen und die Einspeicherung und Verarbeitung in elektronischen Systemen.